Behauptung
einer normativen
Führungsethik

Sicher führen und beraten

herausgegeben von
Dr. Karl Kreuser
Thomas Robrecht

Band 1

Karl Kreuser

Behauptung einer normativen Führungsethik

© SOKRATeam, Unterföhring, 2024

2. überarbeitete Auflage

Dr. Karl Kreuser
Thomas Robrecht
www.sokrateam.de

Alle Rechte vorbehalten.

Das Werk einschließlich aller seiner Teile ist urheberrechtlich geschützt. Jede Verwertung außerhalb der engen Grenzen des Urheberrechtsgesetzes ist ohne Zustimmung von SOKRATeam unzulässig und strafbar. Dies gilt insbesondere für Vervielfältigungen, Übersetzungen, Mikroverfilmungen und die Einspeicherung und Verarbeitung in elektronischen Systemen.

ISBN: 978-1-5214-0363-1

Bibliografische Information der Deutschen Nationalbibliothek

Bibliografische Information der Deutschen Nationalbibliothek:

Die Deutsche Nationalbibliothek verzeichnet diese Publikation in der Deutschen Nationalbibliografie; detaillierte bibliografische Daten sind im Internet über http://dnb.dnb.de abrufbar.

Führungsethik ist die systematische Auseinandersetzung mit Werten, moralischen Normen und deren Verbindlichkeit, die das Führungshandeln betreffen. Führung ist eine Koproduktion aus Führen und Folgen durch alle in einem Kollektiv – sei es ein Team oder ein Unternehmen. Somit betrifft Führungsethik alle.

Um eine Führungsethik zu entwerfen oder zu verstehen, muss man die Theorie des Führens verstehen, auf die sie aufbaut. Die *Behauptung einer normativen Führungsethik* macht genau das: Sie stellt Behauptungen über Führung auf und leitet daraus moralische Ansprüche für Führungshandeln ab.

Diese Abhandlung steht in Zusammenhang mit dem Essay *Der Hirtenkönig* und der *Theorie des agilen Unternehmens*, die neben diesem Buch in der Reihe *Sicher führen und beraten* erschienen sind.

Absicht ist, die reflexive Verinnerlichung von Führungsmoral und die selbstkritische Beschäftigung damit anzuregen. Das ist die Ermunterung, eigene moralische Folgerungen zu ziehen, ohne die Führungshandeln opportunistisch oder beliebig bleibt.

Inhalt

1. Setzungen für eine Führungsethik. 1
2. Das Phänomen Führung. 29
3. Führungsmoral bezieht sich auf Menschen. 43
4. Führungsmoral bezieht sich auf Unternehmen. 49
5. Führungsmoral bezieht sich auf Kollektive. 65
6. Führungsmoral bezieht sich auf das Selbst. 81
7. Den Gedanken überhaupt gedacht zu haben, ist wichtig. 87

Gebrauchsanleitung. 89

Behauptung einer normativen Führungsethik:

1. Setzungen für eine Führungsethik.

1.1 Ethik ist die Wissenschaft von Moral.

1.11 Ethisch handeln heißt: Wissenschaft betreiben.

1.111 Auch wenn Ethik keine Wissenschaft wäre, operiert sie so, als ob sie eine sei.

1.1111 Ethik realisiert Prinzipien guten wissenschaftlichen Arbeitens, wie Redlichkeit und Konsequenz im Denken.

1.112 Ethik (oder auch Philosophie) ist nicht das Zitieren alter Männer oder weiser Frauen.

1.113 Ethik ist ein wissenschaftliches Konstrukt, das über einer Moral errichtet wird. Sie ist die wissenschaftliche Relation zwischen einem Menschen und einer Moral.

1.114 Eine Moral der Ethik ist eine Wissenschaftsmoral. Sie ist eine Relation zwischen einem Menschen und seinem ethischen Handeln.

1.12 Erhobene Zeigefinger sind nicht ethisch und unethisch.

1.121 *ethisch* bezeichnet beides: zur Ethik gehörend oder der Ethik entsprechend.

1.122 *nicht ethisch* bezeichnet: nicht zur Ethik gehörend.

1.123 *unethisch* bezeichnet: der Ethik widersprechend.

1.13 Ethik *zeigt* sich im Gedanken.

1.131 Der Gedanke ist eine Tatsache (Ludwig Wittgenstein).

1.1311 Der Gedanke ist ein logisches Bild einer möglichen Tatsache.

1.132 Der Gedanke drückt sich im Satz sinnlich wahrnehmbar aus.

1.1321 Der Satz enthält die Möglichkeit, seinen Sinn auszudrücken.

1.1322 Das Herstellen des Satz-Sinns erfolgt durch die, die den Satz wahrnehmen.

1.14 Eine Behauptung ist ein Gedanke.

1.141 Eine Behauptung ist kontingent: weder notwendig noch unmöglich.

1.142 Eine Behauptung ist die Annahme einer Tatsache, deren Gültigkeit möglich ist.

1.15 Normative Ethik befasst sich mit der Begründung von Moralen.

1.151 Eine Moral kann nicht durch Behauptungen begründet werden.

1.152 Eine Moral wird durch Induktion aus der Behauptung begründet.

1.1521 Um die Induktion zu verstehen, muss man die Behauptung verstehen, aus der sie emergiert.

1.15211 Die Behauptung darf nicht tautologisch oder paradox sein.

1.16 Normative Ethik befasst sich mit der Frage, wie Normen für das Handeln von Menschen allgemein zustande kommen.

1.17 Normative Ethik befasst sich mit der Frage, wie unbedingte Geltungsansprüche allgemein zustande kommen.

1.171 Das ist die Differenzsetzung des unbedingten Geltungsanspruchs zwischen Universalität (was jeder wollen kann, was natur- oder gottgegeben ist) oder Übereinstimmung (was jeder anerkennen kann), dem Konsens im *herrschaftsfreien Diskurs* (Jürgen Habermas).

1.172 Eine Unterscheidung in dieser Frage ist nicht möglich und ein Zugewinn durch die Antwort ist fraglich.

1.1721 Hilfsweise – etwa in der Differenzierung von positivem Recht (Gesetze) zu überpositivem Recht (sog. Naturgesetze oder Gerechtigkeit) – ist fallweise eine wertebasierte Implikation als Grundlage für eine notwendig zu treffende Entscheidung erforderlich.

1.17211 Das hilfsweise Vorgehen gilt als relativistisches Prinzip immer dann, wenn Unterscheidungen von Gegenidentitäten nicht möglich sind.

1.173 Ethik ist möglich in einer Differenz von Moral im Zusammentreffen mit der Unterscheidung von Wissenschaft.

1.174 Wenn es Normen mit absoluter Gültigkeit gibt, ist Ethik entbehrlich.

1.175 Durch eine Implikation (wie die Eingrenzung auf Führungssituationen) können universelle Geltungsansprüche wie kategorische Imperative aus einer übergeordneten Moral Paradoxie oder Tautologie erzeugen.

1.176 In Grenzsituationen (moralische Dilemmata; neuartige Situationen) kann der Anspruch einer Norm auf unbedingte Gültigkeit versagen, unabhängig davon, ob er durch Universalität oder Übereinstimmung zustande kommt.

1.1761 Diese Feststellung ist keine Aufforderung, Moral über Bord zu werfen.

1.177 Der Geltungsanspruch kann sich auf den Wert der Norm oder auch auf den Wert des Geltungsanspruchs selbst beziehen.

1.1771 Ein Geltungsanspruch, der sich auf sich selbst bezieht, absorbiert die Norm und ist deshalb nicht moralisch.

1.18 Normative Führungsethik befasst sich mit dem Zustandekommen von Führungsmoralen.

1.181 Die folgenden Behauptungen beziehen sich auf Führung in Unternehmen.

1.1811 Unternehmen, als längerfristiges und zweckorientiertes Kollektiv, tritt auf in Formen wie Firma, Behörde, Stiftung, Verein, Hochschule usw.

1.1812 Führungsethik ist nicht Unternehmensethik, die sich mit Unternehmensmoralen befasst.

1.1813 Führungsethik ist nicht Wirtschaftsethik, die sich mit Wirtschaftsmoralen befasst.

1.182 Um eine normative Führungsethik zu verstehen, muss man die Theorien des Wirtschaftens, des Unternehmens, des Handelns und besonders die des Führens verstehen, die sie zugrunde legt.

1.1821 Führung, Unternehmen oder auch Wirtschaft sind Konstrukte notwendiger Strukturen, zwingend erforderlicher Sachverhalte, die determinieren, was mindestens erforderlich ist, damit Führung, Unternehmen oder auch Wirtschaft unterscheidbar sind, was also in deren Natur liegt. Das ist in der Folge dann ein unumstößlicher formaler Minimalkonsens über das Konstrukt.

1.2 Eine Moral ist ein Normensystem für das Handeln von Menschen mit Anspruch auf unbedingte Gültigkeit.

1.21 Eine Moral erklärt sich nicht über die Art der Normen allein, sondern auch über deren Anspruch auf unbedingte Gültigkeit als Verbindlichkeit im Handeln.

1.211 Der Anspruch auf Gültigkeit ist nicht die Tatsache der Gültigkeit.

1.212 Eine Moral emergiert im Handeln und wird im Denken zum handlungsleitenden Konstrukt.

1.2121 Eine Moral ist ein symmetrisches Selektionsangebot in der Verbindlichkeit zwischen Befolgen oder auch Nichtbefolgen und erfordert eine Entscheidung.

1.2122 Der selbstreferenzielle Zirkel erregt Emergenzverdacht (Gunther Teubner).

1.2123 Moralisches Handeln erzeugt eine Asymmetrie bezüglich der damit realisierten Norm zwischen Zustimmung und Ablehnung.

1.213 *moralisch* bezeichnet beides: zu einer Moral gehörend oder einer Moral entsprechend.

1.2131 Moralisch handeln ist nicht ethisch handeln.

1.214 *nicht moralisch* bezeichnet: nicht zu einer Moral gehörend.

1.215 *unmoralisch* bezeichnet: einer Moral widersprechend.

1.216 Der Anspruch auf Verbindlichkeit ist das eigentlich Spannende an der Moral, weniger die Norm.

1.2161 Das, was eine Norm verbindlich setzt, ist das Mystische, das Unaussprechliche, das sich *zeigt* (im Sinn von Ludwig Wittgenstein). Es ist das, was man als moralische Instanz beschreiben kann, wie auch immer diese geartet ist oder bezeichnet wird.

1.217 Die Verbindlichkeit erhebt eine Norm über die aktuelle Handlung des Menschen.

1.2171 Wenn die Norm natur- oder gottgegeben ist, unterwirft der moralisch handelnde Mensch seine aktuelle Handlung der Natur oder seinem Gott.

1.2172 Wenn die Norm ein menschliches Konstrukt oder Konsens ist, unterwirft der moralisch handelnde Mensch seine aktuelle Handlung seinem Konstrukt oder Konsens.

1.22 Eine Moral muss eine moralische Forderung nach moralischem Handeln als Bedingung ihrer selbst mit sich führen.

1.221 Ohne diese Bedingung bleibt sie beliebig.

1.222 Eine Aufforderung zu moralischem Handeln ist moralisch und nicht ethisch.

1.223 Die Frage, ob der Mensch moralisch handeln soll oder nicht, ist die Frage der Moral der Moral.

1.224 Die Frage, ob der Mensch moralisch handeln soll oder nicht, ist die Frage nach der verbindlichen Norm für ein verbindliches Normensystem für menschliches Handeln.

1.225 Die Verbindlichkeit der Verbindlichkeit erhebt die Moral über das Handeln des Menschen überhaupt.

1.2251   Wenn die Moral der Moral natur- oder gottgegeben ist, unterwirft der moralisch handelnde Mensch sein Handeln überhaupt der Natur oder seinem Gott.

1.226   Wenn die Moral der Moral ein menschliches Konstrukt oder Konsens ist, unterwirft der moralisch handelnde Mensch sein Handeln überhaupt seinem Konstrukt oder Konsens.

1.227   Eine spezielle Moral (Führungs-, Berufs-, Unternehmensmoral, Moral der Kollegialität...) kann immer nur Teil einer allgemeinen Moral (für alle Lebenslagen) sein.

1.2271   Das bedeutet, die Norm *Du sollst nicht töten* gilt auch dann für eine Führungsmoral, wenn sie darin nicht ausdrücklich erwähnt ist.

1.22711   Bei einer Führungsmoral für leitende Scharfrichter mag das anders sein.

1.23   Normen repräsentieren Werte.

1.231   Werte bestimmen, *wie* gehandelt wird.

1.232   Werte verdichten sich zu Normen und führen die Situation mit sich, in der die Verdichtung erfolgt ist.

1.233   Man kann einer Norm entsprechend handeln, ohne sie zu teilen oder zu kennen.

1.2331	Die Intention, das dennoch zu tun, liegt im Wert, einer Norm zu folgen und nicht im Wert, der durch diese Norm repräsentiert wird.
1.2332	Moralisch handeln setzt die Erkenntnis der Norm voraus. Man kann nicht irrtümlich oder versehentlich moralisch Handeln.
1.2333	Eine Moral ist eine verbindliche Vorrangregelung für Werte.
1.24	Verbindlichkeit repräsentiert Wille.
1.241	Wille bestimmt, *dass* gehandelt wird (Entscheidungs- und Kreativitätswille, John Erpenbeck).
1.242	Verhalten ohne Wert ist Reflex oder Reaktion, nicht aber Handlung.
1.243	Wille ist keine milde Verlaufsform von Hyperaktivität oder Aktionismus.
1.2431	Menschen sind keine biochemischen Junkies oder Triebtäter.
1.25	Wille und Werte sind zwei unabhängige Dimensionen von Letztelementen für menschliches Handeln.
1.251	Eine Moral setzt Willen und Werte in Bezug.
1.252	Wille ohne Werte ist ebenso handlungsunfähig wie Werte ohne Wille.

1.2521 Das verhält sich wie Betrag und Richtung bei Impuls oder Vektor.

1.253 Moralisch Handeln ist willentliches Wertehandeln.

1.26 Eine Moral ist von sich aus nicht gut oder schlecht.

1.261 Eine Moral ist konsensfähig (kann geteilt werden).

1.2611 Unterschiedliche Menschen haben unterschiedliche Moralen.

1.2612 Unmoralisch handeln bedeutet, einen Wert außerhalb des Normensystems einer Moral zu verwirklichen.

1.262 Tugenden sind keine moralischen Normen.

1.2621 Tugenden sind Fähigkeiten, günstige Relationen herzustellen. (Mesotes; Nikomachische Ethik, Aristoteles)

1.26211 Mit Klugheit kann man alles begründen: also nichts. Klugheit ist kein Wert, als Tugend setzt sie Werte in Relation.

1.263 Eine Moral relativiert, ohne Kompromisse zu machen.

1.2631 Toleranz, Integration oder Inklusion sind keine Kompromisse.

1.27 Eine Moral wird reflexiv verinnerlicht.

1.271   Ohne reflexive Verinnerlichung ist es nicht Moralentwicklung, sondern Abrichtung, Zucht oder Dressur.

1.2711 Es entsteht dann nicht Moral, sondern eine gesellschaftlich erwünschte Fassade vor Sehnsüchten, Befürchtungen, Glaubenssätzen und Annahmen.

1.272   Eine Moral ist nicht die Alleinstellung von Werten, ohne diese zuvor gegenüber anderen Werten als Gegenidentitäten abgewogen zu haben.

1.273   Tempus von Reflexion ist perfektisch.

1.274   Modus von Reflexion ist der Konjunktiv. Genauer:
– Potentialis (Möglichkeit),
– Deliberativ (Abwägung),
– Dubitativ (Zweifel)

1.2741 Jedoch nicht der
– Konditionalis (Bedingung), denn jede Implikation, jedes *wenn…dann* würde die Voraussetzung der unbedingten Gültigkeit unterlaufen.

1.2742 Modus von Wunsch, als reflexiver Ausdruck von Erwartungen, Hoffnungen oder Befürchtungen, ist der Optativ (*möge es doch besser werden!*).

1.275 Das Sichtbarmachen eigener blinder Flecken schmerzt: Lernen geht nur bei *emotionaler Labilisierung* (John Erpenbeck).

1.2751 Sonnenkönige sind geblendet, wenn sie in den Spiegel blicken.

1.28 Eine Moral ist ein Gefüge vorab getroffener grundsätzlicher Entscheidungen über zukünftig beabsichtigtes Handeln und Nichthandeln.

1.281 Tempus von Moral ist futurisch.

1.282 Modus von Moral ist der Imperativ. Genauer:
– Energikus (kategorische Behauptung: *Alle Menschen sind gleich* oder *Wir respektieren uns gegenseitig*),
– Imperativ (Gebot in der 2. Person: *Du sollst Vater und Mutter ehren* oder auch Verbot in der 2. Person: *Du sollst nicht lügen*), sowie
– Jussiv (Belehrung in der 3. Person: *Man spricht nicht mit vollem Mund*).

1.2821 Jeder aktuelle Situationsbezug läuft der Festlegung von Moral auf unbedingte Gültigkeit zuwider. Modi von Moral sind deshalb nicht der

- Debitiv (Nezessitativ), der von einer situativen Notwendigkeit ausgeht (*du musst Brot essen, weil kein Kuchen da ist*), ebenso nicht
- der situativ konkrete Prohibitiv (*fass mich nicht an!*), sowie auch nicht der
- Adhortativ, welcher zu situativem Handeln aufruft (*lass uns Bier trinken gehen!*).

1.283 Moralentwicklung ist das Herstellen futurischer Imperative durch Induktion perfektischer Konjunktive.

1.29 Eine Moral *zeigt* sich im Handeln.

1.291 Handeln erfolgt nicht immer im Bewusstsein von Moral, kann aber moralisch begründet werden.

1.292 Menschen handeln moralischer, je länger, disziplinierter, konsequenter, radikaler, absoluter sie den Anspruch des Normensystems auf unbedingte Gültigkeit durch ihr Handeln realisieren und dabei Verantwortung für die Resultate ihres Handeln übernehmen.

1.2921 Verantwortung ist die Bereitschaft, für Handlungsresultate Rechenschaft abzulegen, für gewollte und auch ungewollte Folgen einzustehen, Schuld und Scham zu ertragen, Konsequenzen zu akzeptieren sowie möglicherweise auf eigene Vorteile zu verzichten oder eigene Nachteile willentlich und wissentlich in Kauf zu nehmen.

1.2922 Verbindlich ist eine Norm dann, wenn ihr Befolgen auch potenziell zu eigenen Nachteilen führen kann. Die Norm *Handle stets zum eigenen Vorteil* ist opportunistisch und damit unmoralisch.

1.2923 Moralisch handeln ist nicht zwingend nachhaltig handeln.

1.2924 Das situative Anpassen von handlungsleitenden Normen und der damit repräsentierten Werte (Zweckphilosophie, Pragmatismus oder moralbefreiter Opportunismus), um möglichst Vorteile oder auch keine Nachteile zu erlangen, ist unmoralischer.

1.2925 Der Komparativ verweist darauf, dass Menschen selten absolut moralisch oder unmoralisch handeln.

1.2926 Er zeigt ferner an, dass eine Absolutsetzung einzelner Normen unter Absorption von Gegenidentitäten der durch sie repräsentierten Werte höchst reflektiert sein muss, um nicht einem reaktiven Zwang zu verfallen.

1.2927 Die Übertreibung einer Moral ist paradox. Sie ist moralisch im Realisieren des unbedingten Geltungsanspruchs und unmoralisch, indem die Verbindlichkeit Selbstzweck wird. Sie bezieht sich zunehmend mehr auf sich selbst und zunehmend weniger auf eine Handlungsnorm.

1.2928 Je mehr die Verbindlichkeit zum Selbstzweck wird, desto mehr tritt der Wert in den Hintergrund und desto näher liegt solipsistische Sturheit.

1.293 Unternehmen haben formale (offizielle Vorgaben) und soziale (inoffizieller Verhaltenskodex) Normen mit Anspruch auf unbedingte Gültigkeit.

1.2931 Kultur bezeichnet, wie diese Normen im tatsächlichen Handeln realisiert, in Bezug gesetzt und Abweichungen formal oder sozial sanktioniert werden.

1.3	Werte bestimmen Normen.
1.31	Ein Wert ist das, was *aus verschiedenen Gründen aus der Wirklichkeit hervorgehoben wird und als wünschenswert und notwendig für den auftritt, der die Wertung vornimmt, sei es ein Individuum, eine Gesellschaftsgruppe oder eine Institution, die einzelne Individuen oder Gruppen repräsentiert* (Pavel Baran).
1.311	Ein Wert ist nicht gut oder schlecht.
1.3111	Ein Wert ist konsensfähig (kann geteilt werden).
1.312	Ein Wert ist noch keine moralische Norm.
1.3121	Ein Wert *zeigt* sich in der moralischen Norm.
1.3122	Moralisches Handeln erfolgt nicht immer im Bewusstsein von Werten, kann aber durch Werte begründet werden.
1.313	Werte überbrücken die Lücke zu vollständigem Wissen.
1.314	Werte sind sich Gegenidentitäten (Gotthard Günther) und nicht Gegenteile (George Spencer Brown).
1.32	Jeder Mensch und jedes Kollektiv hat ein eigenes handlungsleitendes Wertesystem verinnerlicht.
1.321	In neuartigen Situationen sind nur *verinnerlichte* Werte handlungsleitend.

1.3211 Auch jenseits von moralischen Normen.

1.3212 Explizite Wertekodizes und kategorische Imperative helfen höchstens bei der Reproduktion bekannter Situationen und versagen in neuartigen Situationen.

1.3213 Kategorische Imperative können Tautologie und Paradoxie mit sich führen.

1.322 Werteorientierung ist nicht das Erstellen von Leitbildern oder Katalogen, die Ideale (gute Werte oder Tugenden) auflisten.

1.3221 Leitbilder und besonders auch Commitments in Teamentwicklungen sind formale Versuche, soziale Strukturen zu regeln.

1.3222 Formale Regeln führen Werte derjenigen mit, die sie verfasst haben.

1.323 Wertesysteme sind hierarchische Systeme.

1.3231 Damit werden auch Normensysteme hierarchische Systeme.

1.324 Wertesysteme, und damit auch Moralen, überdauern einzelne Handlungen und Handlungssequenzen. Sie entstehen, bestehen und verändern sich langsamer und langfristiger.

1.325 Normen für das Handeln sind durch Werte getrieben, die Postulate nach wünschenswerten und notwendigen Handlungsidealen, Handlungsabsichten, Handlungsvollzügen oder auch Handlungsresultaten begründen.

1.4 Handlung erzeugt Realität.

1.41 Faktische Handlung setzt eine Intention in Relation zu einer tatsächlichen Wirkung.

1.411 Tempus von Handlung ist präsentisch.

1.412 Der Modus von Handeln ist der Indikativ.

1.4121 Moralisch Handeln ist das Herstellen präsentischer Indikative durch Deduktion futurischer Imperative.

1.42 Handlung entsteht (in Anlehnung an John Erpenbeck und Rodrigo Jokisch) im Zusammenkommen von:
- Handlungsidealen (moralische Normen als Realisierungsdimensionen von Werten),
- Handlungsabsichten (Intention, bewusste wie unbewusste erwartete Ergebnisse, durch die bestimmte Werte realisiert sein sollen bzw. auch explizite oder latente Entscheidungen, so und nicht anders zu handeln),

- Handlungsvollzügen (intendiertes Verhalten, Taten, Sprechen, auch i. w. S. Denkhandeln; Versuche, Werte zu realisieren, faktisches Herstellen einer Asymmetrie) und
- Handlungsresultaten (tatsächliche Wirkung, beabsichtigte oder auch unbeabsichtigte, bewertete Folgen).

1.421 Eine Moral allein auf ein Handlungsideal (Realisierungsdimension von Werten), auf eine Handlungsabsicht (gute Geisteshaltung, Gesinnungsethik), auf einen Handlungsvollzug (gelungene Handlung) oder auf ein Handlungsresultat (gutes Ergebnis, Verantwortungsethik, Utilitarismus) zu reduzieren, ist zu kurz gesprungen.

1.4211 Gesinnungsethik verweist auf eine Verantwortung.

1.4212 Verantwortungsethik verweist auf eine Gesinnung.

1.4213 Nullsummenspiele genauso wie Utilitarismus verweisen nicht zwingend auf moralische Handlung.

1.43 Nichthandeln ist Paralyse (Handlungsunfähigkeit) oder eine Handlungsform.

1.431 Als Handlungsform kann Nichthandeln reaktive Routine (gewohnte, fremdorganisierte oder erzwungene Untätigkeit) oder proaktives Kompetenzhandeln (stabilisierendes oder Veränderung provozierendes Unterlassen) sein.

1.44 Handlungsideale sind Realisierungsdimensionen von Werten.

1.441 Werte können in verschiedenen Dimensionen verwirklicht werden. Diese Dimensionen kennzeichnen, worauf Handlungen bezogen werden. Dabei sind Kombinationen möglich, Handlungen können sich auch auf mehrere Handlungsideale zugleich beziehen. Die Dimensionen stehen orthogonal zu den Werten (d.h., jeder Wert kann in jeder Realisierungsdimension gleichermaßen verwirklicht werden). Handlungen können bezogen werden auf
- Gegenstände, Sachverhalte, Strukturen oder Prozesse (fachlich-methodische Handlungsideale),
- Veränderung und Zeit (aktivitäts- und umsetzungsorientierte Handlungsideale),

- Andere Menschen in ihrer Gesamtheit als körperliche und geistige Wesen einschließlich der ihnen eigenen universellen Moralen, Transzendenz und Spiritualität (sozial-kommunikative Handlungsideale),
- Sich selbst als Mensch in der Gesamtheit als körperliches und geistiges Wesen einschließlich der eigenen universellen Moral, Transzendenz und Spiritualität (personale Handlungsideale).

1.45   Handlungsabsichten sind Intentionen

1.451   Sie sind das *gut Gemeinte*.

1.452   Intentionen entstehen meist unbewusst (Routinen), gelegentlich bewusst.

1.453   Handlungsabsichten setzen die eigene Moral in Differenz zu situativen, rollenbedingten Erwartungen und Erfordernissen.

1.454   Irrtümer sind falsche Annahmen von situativen, rollenbedingten Erwartungen und Erfordernissen.

1.4541 Die Fähigkeit zum *richtigen Irrtum* ist eine Ressource moralischen Handelns.

1.4542 Der Umgang mit dem *richtigen Irrtum* ist die Überwindung von verletztem Stolz.

1.46 Handlungsvollzüge sind faktische Handlungen.

1.461 Handlungsvollzüge sind das *Getane*.

1.462 Handlungsvollzüge setzen Handlungsabsichten in Bezug zu Handlungsresultaten.

1.463 Sie schaffen Fakten.

1.47 Handlungsresultate sind bewertete Wirkungen von faktischen Handlungen

1.471 Sie sind das *gut (oder nicht gut) Getane*.

1.472 Sie umfassen auch Versehen als irrtümlich, ungewollt, unabsichtlich Falschgemachtes.

1.473 Sie umfassen auch Scheitern als Misserfolg, als die Erkenntnis, ein intendiertes Ziel endgültig nicht erreicht zu haben.

1.474 *Richtiger Irrtum* und *sicheres Scheitern* sind moralisch.

1.48 Moralisch Handeln ist nicht kompetent Handeln.

1.481 Kompetent Handeln kann moralisch Handeln sein.

1.482　Moralisches Handeln ist willentliches Wertehandeln (allg.: Handlungsbereitschaften) gemäß einem Normensystem mit unbedingter Gültigkeit, unabhängig von (und manchmal auch trotz oder entgegen) Erfahrung und Wissen (allg.: Handlungsfähigkeiten) oder von vorgefundenen oder dargebotenen Situationen und Bedingungen (allg.: Handlungsmöglichkeiten).

1.483　Kompetenzhandeln ist selbstorganisiertes kreatives willentliches Wertehandeln in neuartigen Situationen unter Rückgriff auf Erfahrung und Wissen und in Bezug auf die vorgefundenen oder dargebotenen Situationen und Bedingungen (John Erpenbeck).

1.484　Kompetent Handeln ist dann moralisch Handeln, wenn durch die Handlung willentlich eine moralische Norm verwirklicht wurde und es durch das Handlungsresultat mindestens einem Systembestandteil besser und allen anderen zumindest nicht schlechter geht.

1.4841 Sicher kann man sehr kreativ (kompetent) einen Mord planen oder ideenreich Steuern hinterziehen. Im Resultat geht es bei erfolgreicher Ausführung möglicherweise einem Element im System besser. Allerdings gibt es in diesen Fällen auch Elemente (das Opfer, die Allgemeinheit), denen es danach schlechter ergeht.

Eine Moral befasst sich mit ihren eigenen Grenzen.

1.5 Eine Führungsmoral ist ein Normensystem für das Führungshandeln von Menschen mit Anspruch auf unbedingte Gültigkeit.

1.51 Der Geltungsanspruch einer Führungsmoral begründet sich allgemein immer als Teil einer universellen Moral und besonders aus grundsätzlichen Eigenarten von Führung.

1.511 Eine Führungsmoral ist insofern nicht moralisch, indem sie in der Reduktion auf die Führungssituation eine Implikation mitführt.

1.5111 Eine Differenzierung von Anforderungen einer universellen Moral und den Eigenarten von Führung birgt grundsätzlich Konfliktpotenzial.

1.5112 Eine Führungsmoral ist kein Mittel eines ökonomischen Kalküls.

1.512 Eine Führungsmoral *zeigt* sich im Führungshandeln.

1.5121 Führung ohne Führungsmoral ist nicht möglich.

1.5122 Ohne Führungsmoral wird Führung zu Nichtführung als Willkür, Opportunismus oder Beliebigkeit.

1.513 Wenn *Entscheiden* eine Führungsaufgabe ist, dann repräsentiert die Tatsache der Entscheidung eine Norm, unabhängig vom Inhalt der Entscheidung.

1.5131 Dann ist das Treffen der Entscheidung moralisch, auch wenn ihr Inhalt nicht moralisch oder unmoralisch sein kann.

1.5132 Eine Entscheidung insgesamt ist nur dann moralisch, wenn ihre Tatsache und ihr Inhalt moralisch sind.

1.514 Führungsmoralen innerhalb eines Teams oder eines Unternehmens müssen nicht identisch sein, sie müssen lediglich konsensfähige normative Anforderungen erfüllen, damit Führung im jeweiligen Kollektiv möglich ist.

1.5141 Führungsmoral bedarf insofern reflexiver Konsolidierung im Kollektiv, um Nachvollziehbarkeit im Sinn eines ausreichend gemeinsamen Wirklichkeitskonstrukts herzustellen.

1.5142 Das gilt nicht für Führung in Strukturen, die ausschließlich auf Druck, Zwang und Unterwerfung als konstituierende Werte aufbauen.

1.5143 Ebenso wenig gilt das für Führung in Strukturen, die vorrangig durch gegenseitige oder einseitige Vorteilnahme, Erpressung, Manipulation oder Bestechung hergestellt und aufrechterhalten werden.

1.52 Wie jede Moral entsteht Führungsmoral reflexiv.

1.521 Führung hinterfragt sich andauernd, ohne sich permanent infrage zu stellen.

1.6 Alles Übrige kann so oder auch anders sein.

2. **Das Phänomen Führung.**

2.1 FÜHRUNG ist die Relation von Führen und Folgen.

2.11 Wenn diese Relation gemeint ist, dann wird FÜHRUNG in Kapitälchen geschrieben.

FÜHRUNGsmoral bezieht sich auf FÜHRUNG.

2.12 Führen ist ohne Folgen nicht möglich.

2.121 FÜHRUNG ist eine Koproduktion durch alle Führenden und alle Folgenden.

2.1211 FÜHRUNG ist nichts, das durch Führende produziert und von Folgenden konsumiert wird.

2.1212 Aktives Folgen ist nicht passives Geführtwerden. Der Unterschied liegt in einer rollenkonformen Haltung.

2.1213 FÜHRUNGsmoral ist dann auch eine Koproduktion.

Eine FÜHRUNGsmoral ist neben einer Führungsmoral immer auch eine Folgemoral.

Eine FÜHRUNGsmoral ist verallgemeinerbar (i. S. v. im Kollektiv unter den Führenden und Folgenden vermittelbar, annehmbar, teilbar).

2.1214 Der Konsens eines Kollektivs über eine FÜHRUNGSmoral muss nur so weit gehen, dass die zugrunde gelegten Normen, die unterschiedliche Handlungsabsichten hervorbringen, bei keinem Mitglied Begrenzungen erzeugen (kleinster gemeinsamer Nenner; Konsens in der Bedeutung von Nichtkonflikt).

2.1215 Der Konsens ist ein Produkt des herrschaftsfreien Diskurses (unter dem *zwanglosen Zwang des besseren Arguments*, Jürgen Habermas)

2.1216 Das legt eine *mediative Perspektive* nahe (ganz im Sinn der *tetradischen Ereignisrelation*, dem Zusammenfallen einer Unterscheidung und einer Differenz, Rodrigo Jokisch).

2.13 FÜHRUNG vertritt zwei Seiten und keine Seite darf durch die andere vollständig absorbiert werden.

2.131 FÜHRUNG ist ohne Unternehmen nicht denkbar, ebenso wie Unternehmen ohne FÜHRUNG nicht denkbar ist.

2.132 FÜHRUNG ist ohne Menschen, die Unternehmen konstruieren, nicht denkbar, ebenso wie Menschen, die Unternehmen konstruieren, ohne FÜHRUNG nicht denkbar sind.

2.1321 Auch Führende sind Menschen.

2.133 Führen und Folgen sind asymmetrisch (Gegenteile, die sich gegenseitig ausschließen; George Spencer Brown).

2.134 FÜHRUNG ist asymmetrisches Führen und Folgen, das mit symmetrischen Werten (Gegenidentitäten, die sich nicht gegenseitig ausschließen; Gotthard Günter) zusammentrifft.

2.2 FÜHRUNG ist notwendig, Vorgesetzte sind es nicht.

2.21 Die Ausübung von FÜHRUNG ist wichtig, egal durch wen.

2.211 Sobald Führende bestimmt oder gewählt sind und damit auch Folgende, ist es nicht mehr egal.

2.212 Selbstorganisation ist ein Strukturprinzip und nicht allgemeines Ideal, Willkür oder Beliebigkeit.

2.2121 Im Zusammenhang mit FÜHRUNG (also auch mit Unternehmen) sprechen wir von Menschen und Kollektiven, die nicht frei von äußeren Zwecken sind (wie das etwa bei einer Skatrunde der Fall ist, die den Selbstzweck des Kartenspielens mit sich führt). Die Selbstorganisation ist immer mit dem Unternehmenszweck markiert, der als äußerer Parameter das selbstorganisierte Handeln von Menschen und Kollektiven determiniert.

2.2122   Die Selbstorganisation zweckorientierter Systeme ist ohne das Managen der Systemgrenze nicht sinnvoll vorstellbar.

2.2123   Das Managen der Systemgrenze bezieht sich auf Handlungsdruck, Ressourcen und Mitgliedschaftsalternativen des Kollektivs (Friedhelm Neidhardt).

2.22   Unternehmen betrauen manche Mitglieder (Einzelne, Kollektive) mit Führen und andere Mitglieder mit Folgen. Die Art des Betrauens kann alle Formen zwischen Bestimmen (Hierarchie, eher zentrale Entscheidung) und Wählen (Demokratie, eher dezentrale Entscheidung) einnehmen.

2.221   Die Form des Betrauens ist nicht fallweise verhandelbar.

2.222   Je mehr die Regelung von FÜHRUNG dem einzelnen Menschen oder einem Kollektiv überlassen wird, je dezentraler die Entscheidungen sind, desto mehr Verantwortung für das Unternehmen und alle gewollten und ungewollten Folgen seines Handelns trägt der Mensch oder das Kollektiv gegenüber allen, die davon betroffen sind.

2.2221 Einzig stimmig ist dann, den Menschen oder das Kollektiv konsequent nicht nur an unternehmerischen Erfolgen, sondern genauso auch an unternehmerischen Misserfolgen zu beteiligen, die sie zu verantworten haben.

2.2222 Das Recht, zu entscheiden, ist auch die Pflicht, zu entscheiden.

2.2223 Wer für eine Entscheidung geradestehen muss, hat auch das letzte Wort.

2.2224 Zum Geradestehen gehören auch Entschuldigung und Umgang mit Fehlern.

2.2225 Führung führt die Möglichkeit des Irrtums mit sich und so lautet eine vollständige Weisung: *Machen Sie das so und nicht anders, oder nennen Sie mir einen ausreichend guten Grund, es nicht oder nicht so zu tun!*

2.2226 Die Festlegung auf hierarchische und demokratische Strukturen oder auf zentrale und dezentrale Entscheidungen ist eine Entscheidung über Entscheidungen. Unternehmen kann deshalb jedoch nicht ausreichend als *Entscheidung über Entscheidungen* definiert werden.

2.22261 Das bildet nur die formale Struktur ab.

2.223 Unternehmen sind keine Soziokratie, Basisdemokratie oder Holokratie.

2.2231   In solchen Herrschaftsformen wählen die Mitglieder ihre Führenden, um ihnen anschließend zu folgen.

2.22311 Glorifizierte Einzelbeispiele, wo etwas anders als bisher funktioniert hat und erfolgreich war, sind kein Indiz dafür, dass es immer so gehen kann oder muss. Sie zeigen nur an, was unter bestimmten Bedingungen (gelegentlich auch mit etwas Glück) und mit bestimmten Menschen auch sein kann.

2.2232   Es gibt keine linearen Zusammenhänge zwischen Verantwortung und Spaß, zwischen Spaß und Leistung oder zwischen Leistung und Erfolg.

2.224   Vorständ:innen und Geschäftsführende sind die einzigen Mitglieder, die rechtlich stets mit Führen betraut sind und die sich davon nicht befreien können.

2.2241   Vorständ:innen und Geschäftsführende müssen immer auch frustrieren.

2.225   Der Unterschied zwischen Vorgesetzten (i. e. S.) und Führungskraft liegt in der Konsensfähigkeit ihrer Moral sowie ihrer moralischen Glaubwürdigkeit (dem wahrgenommenen Unterschied zwischen ihren Moralen im Reden und im Handeln; Chris Argyris).

2.2251 Das gilt ebenso für die Unterscheidung zwischen Untergebenen (i. e. S.) und Mitarbeitenden.

2.23 Wenn Folgende ihre Verantwortung für FÜHRUNG nicht wahrnehmen, müssen Führende diese einfordern oder stellvertretend wahrnehmen (kompensieren).

2.24 Wenn Führende ihre Verantwortung für FÜHRUNG nicht wahrnehmen, müssen Folgende und auch die Führenden der Führenden diese einfordern oder stellvertretend wahrnehmen (kompensieren).

2.241 Die Grenze des stellvertretenden Entscheidens und Handelns, der stellvertretenden Verantwortungsübernahme, markiert die Würde und den Selbstwert des Gegenübers.

2.242 Bei Entscheidungen gegenüber Einzelnen ist immer die Wirkung der Entscheidung auf Andere gedanklich mitzuführen.

2.3 FÜHRUNG ist das Wahrnehmen der Funktion Management und die Verantwortung für die Funktion Leitung.

2.31 Leitung kann unter den Mitgliedern wechseln, Management darf nicht wechseln.

2.311 Leitung kann nicht delegiert werden.

2.312 Management kann delegiert werden.

2.313 Führende haben keinen Anspruch auf alleinige Leitung und zugleich die Pflicht zu alleinigem Management.

2.3131 Leitungsdefizite können nicht durch Management kompensiert werden.

2.3132 Managementdefizite können nicht durch Leitung kompensiert werden.

Eine FÜHRUNGsmoral erlaubt situativ stimmige Relationen von Leitung und Management.

2.4 Leitung ist die Relation von Anbieten und Annehmen.

2.41 Leitung ist eine notwendige Funktion eines sozialen Systems.

2.411 Leitung ist eine Emergenz in einer sozialen Struktur.

2.42 Leitung ist ein Ordnungsparameter für das soziale System.

2.421   Wenn die Arbeitsfähigkeit der sozialen Struktur bedroht ist, müssen Führende Ordnungsparameter des sozialen Systems werden (Leitung übernehmen), um die Störung zu bearbeiten (Konsens durch Feedback). Wenn das nicht gelingt, müssen sie die Störung in der sozialen Struktur mit formalen Mitteln ruhigstellen (Beilegung durch Sanktion).

2.43   FÜHRUNG ist der Kontrollparameter für das soziale System, dessen Arbeitsfähigkeit sie verantwortet.

2.431   Führende verantworten die Funktion von FÜHRUNG, Kontrollparameter für das soziale System zu sein.

2.44   Leitung betrifft die Individuen, die Mitglieder des sozialen Systems sind.

2.441   Notwendige Qualitäten von Leitung sind Respekt, Vertrauen und syntaktische Empathie.

2.4411 Diese Qualitäten realisieren Gleichwertigkeit und Gleichwirklichkeit der Andersartigkeit der Mitglieder.

2.4412 Sie sind asymmetrische Aktiva, die zu symmetrischer Beziehung verhelfen.

2.4413 Vertrauen bedeutet, sich verletzbar, angreifbar zu machen, in der Hoffnung auf ein moralisches Gegenüber. In der Überzeugung, dass für ein Gegenüber bestimmte Werte und Normen unbedingte Gültigkeit haben.

2.4414 Empathie entsteht in der Relation von Verstehen und verstanden werden.

2.4415 Semantische Empathie ist hilfreich und nützlich, jedoch nicht notwendig.

2.44151 Sie gerät schnell unter Therapieverdacht.

2.4416 Respekt entsteht in der Relation von Anerkennung und anerkannt werden.

2.4417 Respekt ist keine Form von Macht.

2.44171 Macht ist keine Ressource von Leitung.

2.44172 Machteinsatz zu Zwecken von Leitung ist Machtmissbrauch.

2.4418 Leitung ist deshalb nicht ohnmächtig.

2.442 Anbieten bezieht sich auch auf die Reproduktion der Qualitäten, die ein Annehmen erlauben.

2.4421 Anbieten ist nicht Anbiedern.

2.4422 Eine Qualität von Anbieten ist auch die Annehmbarkeit des Angebots.

2.443 Leitung ist Beitrag zu Motivation, aber Leiten ist nicht Motivieren.

2.4431   Leitung, die so etwas anstrebt wie Mitglieder, die mit wehenden Fahnen und brennenden Fackeln durch das Unternehmen laufen und bei Arbeitsende weinend auseinandergehen, irrt (und zwar gewaltig).

2.5   Management ist die Unterscheidung von Anordnen und Ausführen.

2.51   Management ist eine notwendige Funktion von Unternehmen.

2.511   Management ist das Konstrukt einer formalen Struktur.

2.512   Wer anordnet, ist auch für die Bereitstellung der zum Ausführen mindestens erforderlichen Ressourcen verantwortlich.

2.513   Wer anordnet, muss den Ausführenden den Rücken freihalten und hinter ihnen stehen, damit diese das, was sie tun sollen, auch tun können.

2.514   Wer anordnet, muss auch Ergebnisse und Prozesse kontrollieren und bewerten.

2.5141   Kontrolle und Bewertung sind Aufgaben von Management, Vertrauen ist eine Ressource von Leitung.

2.5142 Management ist kein historisches Seminar zur Vergangenheitsbetrachtung. Kontrolle und Bewertung sind nicht auf Vergangenheit und Problem, sondern auf Zukunft und Lösung fokussiert sowie auf Fähigkeiten und Bereitschaften, diese besser zu gestalten.

2.5143 Management darf alles kontrollieren und bewerten, was es auch anordnen darf. Und nur das.

2.52 Management ist ein innerer Kontrollparameter für das Unternehmen.

2.521 Management betrifft die Funktions- und Rollenträger, die Mitglieder des Unternehmens sind.

2.522 Management muss frustrieren können.

2.5221 Management entscheidet.

2.5222 Entscheiden für das Eine ist zugleich Entscheiden gegen etwas Anderes.

2.5223 Das Entscheiden für das Gute im Einen (das erfüllt wird) ist weniger die Schwierigkeit als das Entscheiden gegen das Gute im Anderen (das frustriert wird).

2.5224 Eine Entscheidung unterscheidet die Werte im Einen von den Werten im Anderen.

2.5225 Die Unterscheidung von etwas Gutem im Einen und etwas Schlechtem im Anderen ist keine Entscheidung, sondern eine Auswahlhandlung.

Eine FÜHRUNGsmoral lässt bei Entscheidungen das Frustrieren von etwas Gutem in einer Alternative zu.

2.523 Notwendige Ressource von Anordnenden ist verliehene, auf die Funktion begrenzte, legitimierte Macht gegenüber Ausführenden.

2.5231 Macht ist die Möglichkeit, das Handeln anderer bestimmen zu können.

2.5232 Macht ist nicht die Möglichkeit, die Werte anderer bestimmen zu können.

2.5233 Der Einsatz legitimierter Macht ist Machtgebrauch.

2.5234 Der Einsatz von Macht außerhalb der Legitimation ist Machtmissbrauch.

2.5235 Legitimierte Macht ist transparent.

2.5236 Manipulation ist verdeckter Machtgebrauch, ist nicht transparent und liegt somit außerhalb legitimierter Macht.

2.524 Das Unternehmen stellt ausreichend Ressource für Anordnende zur Verfügung.

2.5241 Macht wird vom Unternehmen zur Wahrnehmung unternehmerischer Interessen verliehen.

2.5242 Die Legitimität des Machtgebrauchs muss definiert sein.

2.5243 Macht sanktioniert Abweichungen von formalen Vorgaben.

2.5244 Der Einsatz der verliehenen Macht zum Erlangen persönlicher Vorteile oder zur Kompensation persönlicher Schwächen ist Machtmissbrauch.

2.5245 Wer managt, ist deshalb kein besseres Individuum.

Eine FÜHRUNGSmoral unterscheidet Machtgebrauch von Machtmissbrauch.

Eine Führungsmoral schließt Verwechslungen oder Vermischungen von Leitung und Management aus.

3. Führungsmoral bezieht sich auf Menschen.

3.1 Unternehmen werden von Menschen gemacht.

3.11 Die Werte und der Wille des Menschen zeigen sich in seinem Handeln.

3.111 Menschen handeln selbstdeterminiert.

3.12 Menschen sind in ihrer Form unbestimmt: Sie können vom Tier (Körperlichkeit, Affektivität...) einerseits und vom reinen Geisteswesen (Bewusstsein, Selbstbewusstsein...) andererseits unterschieden werden, obwohl sie von Beidem etwas haben (Rodrigo Jokisch).

3.121 In dieser Unbestimmtheit liegt eine Grenze des unternehmerisch Machbaren und auch eine moralische Differenz zwischen unternehmerischer Vision und Kultur.

Eine FÜHRUNGSmoral bildet die Unbestimmtheit des Menschen zwischen Körper und Geist ab.

3.2 Menschen sind gleichzeitig Individuen und Funktions- und Rollenträger.

3.21 Als Individuum ist jeder Mensch einmalig, einzigartig und unverwechselbar.

3.211 Teile dieser Einmaligkeit sind sein Wertesystem, seine Würde, Selbstwert und Autonomie.

Eine FÜHRUNGsmoral ermöglicht die gelungene Begegnung unter Individuen (symmetrisch, soziale Begegnung, auf Augenhöhe, *Ich-Du* nach Martin Buber).

3.22 Als Funktions- und Rollenträger ist der Mensch Gleicher unter Gleichen und Ungleicher unter Ungleichen.

3.221 Stereotypisierung ist die Reduktion des Menschen auf eine Rolle.

3.222 Unternehmerisch bestimmte Gleichheit und Ungleichheit entstehen durch Hierarchie oder durch Unterschiede der Professionen.

3.2221 Menschen können sich in mehreren Rollen begegnen, als Kolleginnen und Kollegen oder als Führende und Folgende. Das funktioniert dann, wenn allen Beteiligten stets klar ist, welches Rollenset aktuell gilt und wenn es keine Vermischungen und Verwechslungen gibt.

3.223 Diese Gleichheit und Ungleichheit ist nicht fallweise verhandelbar.

3.224   *Rolle* ist ein Konzept zur Lösung des Problems der sozialen Adressierung. Es beschreibt relativ zeitbeständige Erwartungsbündel (von anderen, von und an sich selbst), aus denen heraus Handlung erfolgt. Erwartung legt einen Zusammenhang zu Moral nahe.

3.2241 Das Rollenkonzept hat nichts mit Schauspielerei zu tun, wie manche Kritiker voreilig behaupten. Es weist semantisch vielmehr in Richtung von *Schema* (Jean Piaget) oder *state of mind* (Hermann Haken und Günter Schiepek) als *Wahrnehmungs- und Handlungsschablonen* (Serge Sulz).

3.23   Rollendistanz ist die Fähigkeit, eine Rolle vollständig zu verlassen, um eine andere vollständig einzunehmen, ohne dabei versehentlich Anteile der einen in die andere Rolle zu übertragen oder ohne Rollen zu vermischen und zu verwechseln.

Eine FÜHRUNGSmoral setzt Erwartungen an Rollen und Normen mit Anspruch auf unbedingte Gültigkeit in Bezug.

3.231 Menschen vereinen stets mehrere Rollen auf sich: Rollen sind nicht auf unternehmensbedingte Funktionen beschränkt, sondern umfassen auch Herkunft, Ethnie, Körpermerkmale, Orientierungen, Zugehörigkeiten usw.

3.2311 Menschen haben gewählte Rollen (Beruf, Zugehörigkeiten zu Parteien, Vereinen, Religionsgemeinschaften ...) und vorbestimmte Rollen (Körperlichkeit, Alter, Geschlecht, Behinderung, Ethnie...).

3.2312 Vorbestimmte Rollen sind alternativlos (können nicht temporär oder auf Dauer verlassen werden).

3.2313 Ein schwarzhäutiger Mensch ist durch Begegnung auf Augenhöhe noch nie weißer geworden, ein Mensch mit Behinderung deswegen nicht leichter behindert. Lediglich wird das Schwarzsein gegenüber dem Weißsein, das eine Behindertsein gegenüber dem anderen, in eine veränderte Beziehung gesetzt.

3.2314 Trifft eine gewählte berufliche Rolle auf eine vorbestimmte Rolle (z. B. Pfleger-Pflegebedürftige), dann muss aus Beruf (*satt und sauber*) Berufung werden (es bedarf einer reflektierten und verinnerlichten Berufsmoral, um die Autonomie anderer stellvertretend wahrzunehmen, ohne die Selbstbestimmung zu absorbieren, und um anderen ein Leben in Würde zu ermöglichen). Das herzustellen, ist dann FÜHRUNGsaufgabe.

Eine Führungsmoral bezieht sich ausschließlich auf gewählte berufliche Rollen und unternehmensbedingte Funktionen.

Führungshandeln erlaubt bei vorbestimmten Rollen weder Kränkungen oder Zustände des Ausgeschlossenseins oder des Ausgeliefertseins.

Eine Führungsmoral lässt die Reduktion von Menschen auf eine vorbestimmte oder gewählte Rolle nicht zu.

3.2315 Sklaverei ist eine vorbestimmte berufliche Rolle.

3.2316 Inklusion ist kein Kampfbegriff.

3.2317 Es darf keine Menschen erster und zweiter Klasse geben.

Eine FÜHRUNGsmoral ermöglicht die gelungene Begegnung zwischen unternehmerischen Funktions- und Rollenträgern (asymmetrisch, formale Begegnung, hierarchisch, *Ich-Es* nach Martin Buber).

Eine FÜHRUNGsmoral setzt die Gleichzeitigkeit von Symmetrie unter Individuen und von Asymmetrie unter unternehmerischen Funktions- und Rollenträgern in Bezug, ohne sie aufzulösen.

3.3 Die Würde und der Selbstwert des arbeitenden Menschen ist die Wertschöpfung (i. w. S.) seiner Arbeit.

3.31 Eine Beschäftigung (i. e. S.) oder die Anwesenheit zu bestimmten Zeiten an bestimmten Orten ist noch nicht Wertschöpfung.

Eine FÜHRUNGsmoral erkennt die Wertschöpfung des Menschen als Ausdruck seiner Würde und seines Selbstwerts.

3.32 Der wertschöpfende Mensch ist weit mehr als eine Sache oder eine Gegebenheit mit hilfreichem Potenzial. Er kann nicht mit Ressourcen oder Kostenfaktoren gleichgesetzt werden.

Eine FÜHRUNGsmoral reduziert den Menschen nicht auf eine Ressource oder einen selbstdeterminierten Kostenfaktor.

4. **Führungsmoral bezieht sich auf Unternehmen.**

4.1 Menschen machen und nutzen Unternehmen, um Zwecke zu verfolgen.

4.11 Dazu gehören auch fraktale Strukturen des Unternehmens wie Bereiche, Abteilungen, Teams...

4.2 Unternehmen haben einen Daseinszweck.

4.21 Die Zwecke können wirtschaftlich (Firma), hoheitlich (Gericht, Armee, Behörde...), wissenschaftlich, lehrend, erziehend (Hochschule, Schule, Kindergarten...), caritativ (Einrichtung für Menschen mit Behinderung...), politisch (Partei, Bürgerinitiative...), ideell oder sonstiger (geistlicher Orden, Berufsverband, Genossenschaft, Trachtenverein, Sportgemeinschaft, Gewerkschaft...) sein.

4.211 Es gibt auch Kombinationen, wobei dann das Verhältnis der Zwecke zueinander eindeutig definiert und priorisiert sein muss (z. B. gemeinnützige Stiftung mit angegliedertem Wirtschaftsbetrieb oder private Hochschule mit Gewinnabsicht).

4.2111 Unternehmen mit mehreren Daseinszwecken brauchen generelle oder temporäre Vorfahrtsregelungen.

4.22 Der Daseinszweck speist sich aus der Wertedifferenz, die mit der Unterscheidung des Unternehmens im Markt eine Ereignisrelation ausbildet.

4.23 Der Daseinszweck wird durch Handlungen realisiert.

4.231 Der Daseinszweck unterscheidet sich von der Form seiner Realisierung.

4.232 Die Form kann verbindlich gemacht werden.

Eine FÜHRUNGsmoral erkennt den Daseinszweck des Unternehmens und die Verbindlichkeit der Form seiner Realisierung an.

4.24 Hinter dem Daseinszweck steht der unumstößliche, notwendige formale Minimalkonsens, ohne den Unternehmen nicht möglich ist (z. B. Firmen bestehen als Mittel des Wirtschaftens).

4.25 Der Daseinszweck unterscheidet das Unternehmen in seinen Märkten.

4.26 Der Daseinszweck unterliegt der Hysterese.

4.261 Der Daseinszweck ist nicht fallweise verhandelbar.

4.262 Unternehmen ist eine Fortsetzungsgeschichte, die von ihren Mitgliedern geschrieben wird.

4.263 Eine immer wiederkehrende Diskussion des Daseinszwecks zu bestimmten Anlässen und Zeiten ist notwendig und legitim.

4.264 Das ausnahmslose Bestehen auf den Daseinszweck und seine bedingungslose Durchsetzung zu allen anderen Anlässen und Zeiten ist legitim und notwendig.

Eine FÜHRUNGSmoral erlaubt die Differenz von Diskussion und Einhaltung des Daseinszwecks.

4.27 Unternehmen in der äußeren Form Firma hat den primären Daseinszweck des Wirtschaftens und bietet Menschen Möglichkeiten zum eigenen Wirtschaften.

4.28 Unternehmen in anderen äußeren Formen wie Behörde, Hochschule, Stiftung, Verein etc., die keinen primär wirtschaftlichen Daseinszweck (sondern z. B. öffentliche Verwaltung, Lehre, Weltverbesserung) haben, können dennoch auch Möglichkeiten für die Mitglieder mit sich führen, zu wirtschaften.

4.281 Nutzen Menschen Unternehmen mit nicht primär wirtschaftlichem Daseinszweck für ihr eigenes Wirtschaften, dann muss der eigene Zweck (Wirtschaften) vom Daseinszweck des Unternehmens (Weltverbesserung) sorgfältig getrennt werden. Vermischungen und Verwechslungen sind nicht statthaft.

4.2811 Nebenbei: Das gilt auch für ehrenamtliche Mitgliedschaft, wenn der eigene Zweck nicht wirtschaftlicher Art ist (sondern z. B. das gute Gefühl, etwas für die Gesellschaft zu leisten oder ein Helfersyndrom ausleben zu können).

4.3 Menschen wirtschaften, um die materiellen Voraussetzungen ihrer Existenz herzustellen, zu sichern und zu mehren.

4.31 Generalisiertes Medium von Wirtschaft ist Geld.

4.32 Wirtschaften bedeutet, geldwerte Ergebnisse erzielen.

4.321 Die Tatsache des Ergebnisses, das Ergebnis an sich, ist von Voraussetzungen oder dem Bemühen, Ergebnisse zu erzielen, zu unterscheiden.

4.33 Wirtschaften ist die Realisierung von Werten.

4.331 Menschen deshalb rein auf einen *homo oeconomicus* zu reduzieren, ist eine unzulässige Verkürzung auf materielle Strebungen, die alle ideellen und sonstigen Antriebe ausblendet.

Eine FÜHRUNGSmoral erkennt im wirtschaftenden Menschen mehr als nur den *homo oeconomicus*.

4.34 Das *Was* des Wirtschaftens ist materiell (Existenz und Zukunft sichern) und nicht ideell (Selbstverwirklichung, Weltverbesserung etc.). Das ist eine Frage des *Wie*, auf das Menschen sich einlassen, wenn sie Mitglied in einem Unternehmen werden.

4.341 Das *Was* und das *Wie* des Wirtschaftens sind grundsätzliche, längerfristige Entscheidungen, die nicht fallweise verhandelbar sind.

> Eine FÜHRUNGsmoral unterscheidet zwischen dem Materiellen *Was* und dem Ideellen *Wie* der Mitgliedschaft in einem Unternehmen.

4.35 Handeln im Namen und im Auftrag des Unternehmens bedeutet, dass alles Handeln der Mitglieder Beitrag zur Erfüllung des Daseinszwecks des Unternehmens sein muss.

4.351 Alles andere ist Verschwendung.

4.352 Es ist Aufgabe von FÜHRUNG, Verschwendung zu vermeiden und abzustellen.

4.3521 In dieser Hinsicht muss Handeln effizient und effektiv sein.

4.3522 Auch Blindleistung ist Leistung.

4.353 Das Vermeiden und Abstellen von Verschwendung ist eine Entscheidung, eine Grenze, die gezogen und verteidigt wird. Es ist das Frustrieren von berechtigten Erwartungen anderer.

4.3531 Methodische Verfahren der Entscheidungsfindung (z. B. Entscheidungsmatrix) ersparen die Entscheidung nicht.

4.3532 Entscheidungsfindung kann stets delegiert werden, ebenso situative, kurzfristige Entscheidungen über fallweise verhandelbare Sachverhalte. Grundsätzliche, längerfristige Entscheidungen über den Daseinszweck und dessen prinzipielle Umsetzung können nicht delegiert werden und sind nicht fallweise verhandelbar.

4.354 Mitglieder werden für Ergebnisse bezahlt und nicht für Voraussetzungen (Kompetenzen) oder Versuche.

4.3541 Versuche im Sinn von Lernprozessen sind notwendig.

4.3542 *Geht nicht – gibt's nicht* gibt's doch. Zumindest so, wie man es bisher versucht hat.

4.3543 Das Fördern von Voraussetzungen (individuelle und kollektive Kompetenzen) ist sinnvoll.

4.3544 Das angemessene Abfordern von Kompetenzen ist notwendig.

4.3545 Das Schaffen von situativen Gegebenheiten, in denen Kompetenzen eingesetzt werden können und dürfen, ist unabdingbar.

4.36 Führende müssen sich Frustrieren und den Folgenden Frustriertsein zumuten.

4.361 Geeignete Formen von Frustrieren sind die nachvollziehbar begründbare Entscheidung und die Konsequenz in der Umsetzung. Intransparenz, Sprunghaftigkeit, Nichtentscheiden oder Unverbindlichkeit sind ungeeignete Formen.

4.362 Ambiguitätstoleranz bei den Führenden und Frustrationstoleranz bei den Folgenden kann erwartet werden.

4.363 Führende müssen ihren Trostreflex beherrschen.

4.3631 Das gilt auch für Reflexe wie Gegenangriff, Ignorieren, Rechtfertigen, Kompensieren usw., wenn Folgende frustriert sind oder ihre Frustration den Führenden vorwerfen.

4.3632 Man kann kritisieren, weil man etwas ablehnt, weil man an Verbesserung interessiert ist, weil man von eigenen Unzulänglichkeiten ablenken will oder weil man momentan keine andere Form findet, eine Not auszudrücken.

4.3633 Der Bote ist nicht die Botschaft und der Auslöser ist nicht die Ursache.

4.3634 Notwendige Frustration muss nicht kompensiert werden.

4.364 Die Anerkennung der Notwendigkeit von Frustration ist kein Appell, möglichst viel davon zu erzeugen.

Eine FÜHRUNGsmoral schließt Frustrieren und Frustriertsein nicht aus.

Eine FÜHRUNGsmoral lässt nicht zu, dass Frustration Erlaubnis für Minderleistung oder Verweigerung ist.

4.37 Um FÜHRUNG, die versucht, den Daseinszweck des Unternehmens mit Zwecken der Mitglieder identisch zu machen (oder umgekehrt), muss man sich Sorgen machen.

Eine FÜHRUNGsmoral lässt zu, dass Mitglieder eigene Zwecke verfolgen, die nicht mit dem Unternehmenszweck deckungsgleich sind.

Eine FÜHRUNGsmoral schließt die Manipulation von Zwecken restlos aus.

4.4 Unternehmen und ihre Mitglieder sind sich gegenseitig loyal.

4.41 Loyalität bedeutet, genau dann die Interessen des anderen zu vertreten, wenn man diesen nicht vollumfänglich zustimmen kann, um einen gemeinsamen übergeordneten Wert oder eine moralische Norm zu bewahren.

4.411 Loyalität zeigt sich im Konflikt und in der Krise.

4.42 Loyalität verleiht der Unternehmensstruktur Robustheit bei Irritationen.

4.43 Loyalität ist nicht Unterwerfung und hat damit Grenzen.

Eine FÜHRUNGSmoral setzt sich mit gegenseitigen Loyalitäten und deren Grenzen auseinander.

4.44 Fürsorgepflichten des Unternehmens gegenüber den Mitgliedern sind keine Loyalitäten.

Eine FÜHRUNGSmoral schließt die Wahrung von Fürsorgepflichten ein.

4.45 Unternehmen übernehmen Verantwortung für Fehler, die ihren Mitgliedern unterlaufen.

4.451 FÜHRUNG repräsentiert hierbei das Unternehmen.

4.452 Unternehmen stehen Dritten gegenüber für die Folgen von Handlungen ihrer Mitglieder ein, die im Namen und im Auftrag des Unternehmens erfolgen.

4.453 Unternehmen stellen Mitglieder gegenüber Dritten nicht bloß.

4.454 Unabhängig davon ist, wie Unternehmen bei Fehlern intern und bei Abwesenheit Dritter mit ihren Mitarbeitern umgehen.

4.4541 Toleranz bedeutet nicht Zustimmung, sondern kennzeichnet einen definierten Bereich mit einer unverrückbaren Grenze, in dem Abweichungen (gerade noch) keine Folgen haben.

4.4542 Schweigen bedeutet Zustimmung und ist keine Form, nicht einmal eine diffuse, mit Toleranz umzugehen.

Eine FÜHRUNGSmoral setzt sich explizit mit dem Umgang mit Fehlern auseinander.

4.5 Unternehmen sind auf Langfristigkeit ausgelegt.

4.51 Neben einem gegenwärtig rentablen Wirtschaften muss die Zukunftsfähigkeit des Unternehmens durch Handlungen abgebildet werden. Das sicherzustellen, ist Aufgabe von FÜHRUNG.

4.52 Um langfristig wirtschaften zu können, braucht es Nachhaltigkeit. Das ist ein Handeln in der Gegenwart, um eine erwünschte Wirkung in einer Zukunft zu ermöglichen, auf die man heute noch keinen direkten Einfluss nehmen kann. Es gilt also, das Handeln im Hier und Heute so zu gestalten, dass durch die Ergebnisse dieses Handelns Voraussetzungen geschaffen werden für zukünftiges Handeln. Ob es gegriffen hat, wird man immer erst danach, also in der Zukunft, erkennen.

Eine FÜHRUNGsmoral unterstützt Zukunftsfähigkeit und Nachhaltigkeit.

4.6	Krisen sind Sonderfälle.
4.61	Krisen sind Situationen, in denen die Existenz des Unternehmens akut gefährdet ist.
4.62	In Krisen hat das Weiterbestehen des Unternehmens Vorrang vor allen anderen Interessen.
4.621	Interessen, die während der Krise zurückstehen, müssen nach der Krise besonders gewürdigt werden.
4.63	Krisen sind besondere Situationen von FÜHRUNG.
4.631	Führende müssen sich zunächst unentbehrlich machen und, sobald das erreicht ist, sich entbehrlich machen.
4.632	Die Tatsache des Vorliegens einer Krise und das Vorgehen bei dieser Krise sind gegenüber den Mitgliedern erläuterungsbedürftig.

4.6321 Es muss Kriterien für das Eintreten von Krisen und für ihre Beendigung geben.

4.6322 Es muss vorbereitete Handlungspläne für Krisen und die Zeit direkt nach deren Beendigung geben.

4.7 Notfälle sind Sonderfälle.

4.71 Notfälle sind Situationen, in denen Menschen körperlich oder psychisch akut gefährdet sind.

4.72 In Notfällen hat die Unversehrtheit der Menschen Vorrang vor allen anderen Interessen.

4.721 Interessen, die während des Notfalls zurückstehen, müssen nach dem Notfall besonders gewürdigt werden.

4.73 Notfälle sind besondere Situationen von FÜHRUNG.

Eine FÜHRUNGsmoral führt die Sonderfälle Krise und Notfall mit.

4.8 Motivieren ist keine Aufgabe von Führenden.

4.81 Motivation kompensiert keine Schwächen von Führenden.

4.811 Motivation ist keine Droge, die man den Mitgliedern verabreicht, auf dass diese Führungsfehler vergessen.

4.812 Mangelnde Fähigkeiten zu klaren Entscheidungen, zu konstruktiver Kritik, zum Einfordern von vereinbarter Leistung oder zu notwendigem Frustrieren können durch nichts aufgehoben oder wettgemacht werden, außer durch Lernprozesse.

4.813 Belohnen oder Bestrafen ist nicht Motivieren.

4.814 Schönreden, Umdeuten und Verschweigen ist Verarschung und nicht Motivieren.

4.815 Rosa Brillen sind keine Führungsinstrumente.

4.816 Manipulation ist nicht Motivation.

4.817 Motivation ist kein Kaugummiautomat (ist keine triviale Maschine).

4.82 Minderleistung ist kein Motivationsanlass.

4.821 Minderleistung ist Gelegenheit zu Kritik und zum Einfordern.

4.822 Die Pflicht der Mitglieder, das zu erfüllen, auf was sie sich vertraglich eingelassen haben, steht vor jedem Bemühen um Motivation.

4.83 Motivation ist kein Konsumgut.

4.831   Motivation ist Selbstverantwortung und nichts, das durch Führende hergestellt und durch Folgende verbraucht wird.

4.832   FÜHRUNG braucht eine Unterscheidung, was Motivation ist oder kann und was sie nicht ist oder nicht kann, sobald sie sich mit dem Phänomen Motivation befasst.

Eine FÜHRUNGsmoral erlaubt einen klaren Umgang mit dem Phänomen Motivation.

5. Führungsmoral bezieht sich auf Kollektive.

5.1 Kollektive, die Unternehmen machen, können sich aus Mitgliedern eines Unternehmens, selbstständigen externen Partner:innen (Kooperationen) oder Mischformen zusammensetzen.

5.2 Kollektive werden durch autonome Menschen hergestellt.

5.21 Dabei hat das Kollektiv immer wieder Vorrang vor dem Individuum.

5.211 Das erfordert bei den Akteur:innen
- rollenkonforme Bereitschaft und Haltung,
- Ambiguitätstoleranz (Fähigkeit, Widersprüche auszuhalten,
- Frustrationstoleranz (Fähigkeit, Enttäuschungen auszuhalten).

5.3 Kollektive können auf Dauer gestellt sein (klassisch Abteilungen in Unternehmen) oder temporär bis zum Erreichen eines Zieles (klassisch Projektgruppen) existieren.

5.31 Auf Dauer angelegte, zweckorientierte Kollektive unterliegen der Hysterese, sind Serien, Fortsetzungsgeschichten.

5.32 Jede Fortsetzung hat die Möglichkeit des Anfangs in sich.

5.321 Folgende dürfen aktuell Führenden nichts vorwerfen oder diese das auslöffeln lassen, was deren Vorgänger eingebrockt haben.

5.322 Folgende dürfen bei aktuell Führenden keine vermeintlichen Rechte oder Vorzüge einklagen, die dem Toleranzbereich derer Vorgänger entsprungen sind.

5.323 Führende dürfen Folgende nicht mit anderen Folgenden vergleichen, um ihnen Differenzen oder Unterschiede vorzuwerfen.

5.4 Die für ein Team oder ein Unternehmen typische Struktur entsteht durch das Miteinander, Gegeneinander und Nebeneinanderher seiner Akteure, die dabei in einem kollektiven *state of mind* (also für sich und zugleich für das Kollektiv) handeln. Es entsteht eine eigene Struktur zu kollektivem Handeln, die durch jede kollektive Handlung reproduziert wird.

5.41 Wenn Akteure in einem kollektiven *state of mind* handeln, kann man emergierende kollektive Kompetenzen voraussetzen. Das sind spontan neu aufscheinende Qualitäten, die nur über das kollektive Zusammenwirken erklärt werden können und die anders sind als die Zusammenschau der individuellen Kompetenzen der Mitglieder (Das Ganze ist etwas anderes als die Summe der Einzelteile). So ist es möglich, dass ein Kollektiv auch bei Wechseln von Mitgliedern typische Qualitäten und Kompetenzen beibehalten kann.

5.5 Konstituierend für Kollektive ist eine Differenz sozialer und formaler Strukturen (Friedhelm Neidhardt).

5.51 Diese Differenz tritt in eine Relation zur Unterscheidung, die das Kollektiv in seiner Umwelt existieren lässt.

5.511 Die Differenz sozialer und formaler Strukturen bildet eine Unschärferelation aus (Werner Heisenberg).

5.52 Über diese Ereignisrelation braucht es ein ausreichend gemeinsames Wirklichkeitskonstrukt der Akteure.

5.521 Was klar kommuniziert ist, kann klar bearbeitet werden.

5.5211	Kommunikation ist die Botschaft, die ankommt und nicht die eloquente Sprechhandlung oder gar powerpoint.
5.5212	Tabus sind Kommunikationsstörungen.
5.5213	Was mehrdeutig kommuniziert ist, wird diffus bearbeitet.
5.53	Kommunikation ist Führungsmittel und keine FÜHRUNGSaufgabe.
5.54	Klarheit in der Kommunikation ist FÜHRUNGSaufgabe.
5.55	Kommunikation ist eine Werkzeugkiste von FÜHRUNG mit doppeltem Boden. Arbeitsrecht ist eine mit Deckel.
5.6	Menschen müssen in dauerhafte soziale Beziehungen treten, um Unternehmen zu machen.
5.61	Soziale Strukturen werden durch Handlungen hergestellt, die sich auf Werte als Letztelemente beziehen.
5.62	Jede soziale Beziehung hat Qualitäten wie Sympathie und Antipathie, Konflikt und Konsens, Respekt und Missachtung, Vertrauen und Misstrauen, Empathie und Unverständnis usw.
5.621	Beziehungsqualitäten sind keine anzustrebenden Ideale für FÜHRUNG.

5.6211 Wenn ich Hunger habe, ist es mir egal, wer kocht (Hauptsache, es schmeckt). Wenn ich traurig bin, ist es mir nicht egal, wer mich in den Arm nimmt (und wer lieber nicht).

5.622 Beziehungsqualitäten werden durch die Autonomie der Menschen und deren Bedürfnisse nach Abgrenzung und Selbstschutz begrenzt (z. B. semantische und syntaktische Empathie).

5.623 FÜHRUNG achtet allein auf die Arbeitsfähigkeit der Beziehung.

Eine FÜHRUNGsmoral befasst sich mit Beziehungsqualitäten, jedoch nicht als anzustrebende Ideale.

5.63 Jeder Mensch trägt Verantwortung für die Qualitäten seiner Beziehungen.

5.631 Diese Verantwortung kann nicht an Führende abgegeben werden.

5.632 Führende dürfen diese Verantwortung nicht übernehmen.

5.64 Die Qualitäten sozialer Beziehungen können nicht durch formale Festlegungen (wie Spielregeln oder Leitbilder usw.) bestimmt werden.

5.641 Der Herrgott rechnet nicht im Dezimalsystem.

> Eine FÜHRUNGSmoral stellt unabhängig von bestehenden Beziehungsqualitäten einen Unterschied von Achtung gegenüber Missachtung her.

5.7 Menschen müssen in dauerhafte formale Beziehungen treten, um Unternehmen zu machen.

5.71 Formale Strukturen werden durch Handlungen hergestellt, die sich auf Prämissen und die Mission des Unternehmens als Letztelemente beziehen.

5.711 Formale Regeln führen die Werte derjenigen mit, die sie aufgestellt haben.

5.72 Die formale Beziehung ist durch Mitgliedschaftsbedingungen des Unternehmens geregelt (Arbeitsverträge, Arbeitsordnung, Betriebsvereinbarungen...).

5.721 Die formale Beziehung ist nicht fallweise verhandelbar.

5.73 Unternehmen ist Konflikt.

5.731 Konflikt ist eine Eigenschaft (Qualität) einer Humanstruktur, wenn unterschiedliche Handlungsabsichten vorliegen und für mindestens einen Strukturbestandteil eine Begrenzung der eigenen Handlungsabsicht besteht.

5.7311　Begrenzungen haben immer mit Werten zu tun.

5.7312　Konsens ist die Eigenschaft (Qualität) des Nichtkonflikts einer Humanstruktur, wenn für keinen Strukturbestandteil eine Begrenzung der eigenen Handlungsabsicht vorliegt, unabhängig davon, ob unterschiedliche Handlungsabsichten vorliegen oder auch nicht.

5.7313　Übergänge von Konflikt nach Konsens werden Transformationen genannt. Diese beseitigen wertebasierte Begrenzungen. Formale Regelungen von Konflikten beseitigen Auswirkungen von Konflikten auf das Unternehmen, ohne unbedingt die wertebasierte Begrenzung zu bearbeiten. Diese Form nennt man Beilegung.

5.7314　Dem Konsens ist besonders immer dann zu misstrauen, wenn er überraschend schnell oder nach langem, zähem Ringen zustande gekommen ist. Er kann dann ein fauler Kompromiss zum Zweck der Konfliktvermeidung sein.

5.732　Menschen gehen formale Beziehungen ein, um eigene Zwecke (Existenzsicherung, Karriere...) zu verfolgen.

5.733 Unternehmen ist ein gemeinsames Mittel, jeweils eigene Zwecke zu verfolgen (Karl Weick).

5.7331 Erweist sich das Unternehmen dazu nützlich, kann das gemeinsame Ziel erwachsen, das Unternehmen weiterhin zu betreiben (Konsens).

5.7332 Über Mittel und Form der weiteren Realisierung von Unternehmen entstehen unterschiedliche Handlungsabsichten über zeitliche, sachliche, soziale und auch selbstbezogene Differenzen, die Begrenzungen hervorrufen (Konflikt).

5.7333 Unternehmen ist dann das kooperative Konstruieren von Konflikt und Konsens.

5.734 Unternehmen ist ein gemeinsames Wirklichkeitskonstrukt aller Mitglieder des sozialen Systems Organisation, auf das hin bezogen diese dann handeln (Peter Hejl und Heinz Stahl).

5.7341 Ein ausreichend gemeinsames Wirklichkeitskonstrukt ist erforderlich, um als Unternehmen kollektive Kompetenzen zu entfalten.

5.735 Mit Eingehen der formalen Beziehung verzichten Menschen darauf, über bestimmte unternehmerische Aspekte zu entscheiden (Indifferenzzone nach Chester Barnard).

5.74 Ein gänzlich hierarchiefreies Unternehmen ist nicht denkbar.

5.741 Unternehmen sind zweckorientierte Systeme.

5.742 In zweckorientierten Systemen muss es eine Asymmetrie zugunsten des Daseinszwecks geben.

5.743 Hierarchie bildet die für das Unternehmen notwendige Asymmetrie ab.

5.75 Mission des Unternehmens und Zwecke der Mitglieder erzeugen beim Konstruieren von Unternehmen notwendige (unvermeidbare) Konflikte.

5.751 FÜHRUNG ist verantwortlich für die Mission.

5.752 Notwendige Konflikte sind keine unnötigen (vermeidbare) Konflikte.

5.753 Notwendige Konflikte können beigelegt, nicht aber transformiert werden.

5.754 Notwendige Konflikte sind eine Erscheinungsform von Führen und Nichtfolgen.

5.755 Unnötige Konflikte sind eine Erscheinungsform von Nichtführen.

5.756 Unnötige Konflikte können in Konsens transformiert werden.

5.757 Gelingt Transformation eines unnötigen Konflikts nicht, so muss FÜHRUNG diesen beilegen.

5.7571 Beilegung ist das Bekämpfen von Symptomen.

5.758 FÜHRUNG muss notwendige (unvermeidbare) Konflikte sich und anderen zumuten.

Eine FÜHRUNGsmoral bezieht sich auf den Umgang mit notwendigen (unvermeidbaren) Konflikten und die Abgrenzung zu unnötigen (vermeidbaren) Konflikten.

5.76 Strukturen können verschiedene Zustände einnehmen.

5.761 Strukturzustände haben direkt mit Werten zu tun.

5.762 Strukturzustände werden über die Notwendigkeit oder den Wunsch zur Veränderung definiert.

5.763 Lösung ist der Strukturzustand, in dem mindestens ein Strukturbestandteil eine Veränderung für notwendig oder wünschenswert hält und diese Veränderung einfach und möglich erscheint.

5.7631 Die Bereitschaft und die Fähigkeit zur Veränderung sind vorhanden.

5.7632 In diesem Fall tun die das einfach.

5.7633 Lösung befasst sich mit der in die Zukunft gerichtete Frage, wie es gehen kann.

5.7634 Lösung ist eine Erscheinungsform von Führen und Folgen.

5.764 Problem ist der Strukturzustand, in dem mindestens ein Strukturbestandteil eine Veränderung für notwendig oder wünschenswert hält und diese Veränderung schwierig oder unmöglich erscheint.

5.7641 Die Bereitschaft zur Veränderung ist vorhanden, nicht aber die Fähigkeit.

5.7642 In diesem Fall ist die Struktur partiell oder auch temporär handlungsunfähig.

5.7643 Problem befasst sich mit der in die Vergangenheit gerichtete Frage, warum es nicht geht.

5.7644 Problem ist eine Erscheinungsform von Nichtführen oder von Nichtfolgen.

5.765 Symbiose ist ein Strukturzustand, in dem mindestens ein Strukturbestandteil eine Veränderung für nicht notwendig oder nicht wünschenswert hält.

5.7651 Die Bereitschaft zur Veränderung ist nicht vorhanden, in diesem Fall stellt sich die Frage nach Fähigkeiten nicht.

5.7652 Die Bereitschaft zur Veränderung zeigt sich im Handeln.

5.7653 Bestehende Konflikte, die tabuisiert, geleugnet, verharmlost und nicht (sinnvoll und nachhaltig) bearbeitet werden, führen in Symbiosen.

5.7654 Symbiosen leben oft von der Hoffnung, es werde von allein wieder besser.

5.7655 Symbiosen haben stets einen wertebasierten verdeckten Gewinn.

5.7656 Das Prinzip Hoffnung ist kein FÜHRUNGsgrundsatz.

5.7657 Symbiosen in Unternehmen können nur durch FÜHRUNG aufgelöst werden.

5.7658 Symbiose ist eine Erscheinungsform von Nichtführen und Nichtfolgen.

Eine FÜHRUNGsmoral bezieht sich auf den Umgang mit Strukturzuständen.

5.8 Arbeitsfähigkeit ist die strukturelle Voraussetzung, Ergebnisse zu erzielen.

5.81 Ein Kollektiv ist arbeitsfähig, wenn seine Struktur erlaubt, das Handeln auf die Mission zu beziehen anstatt auf strukturbedingte Defizite.

5.82 Es gibt Defizite der formalen Struktur und Defizite der sozialen Struktur.

5.821 Kollektive sind möglich im Zusammentreffen einer (asymmetrischen, dichotomen) Unterscheidung der Mission (Gegenteile, George Spencer Brown) und einer (symmetrischen, bivalenten) Differenz zwischen sozialen und formalen Strukturen (Gegenidentitäten, Gotthard Günter).

5.822 Defizite in einer Strukturart können nicht in einer anderen Strukturart bearbeitet werden.

5.9 Kultur ist die für ein Kollektiv typische Bezugsetzung von formaler Struktur und sozialer Struktur.

5.91 Kultur macht das Kollektiv einzigartig, einmalig und unverwechselbar.

5.911 Eine immer wiederkehrende Diskussion über die Kultur, die sozial-formale Differenz, ist notwendig und legitim.

5.92 FÜHRUNG verantwortet die Arbeitsfähigkeit und Kultur des Kollektivs.

5.921 Arbeitsfähigkeit und Kultur sind situativ hergestellte Optima und keine einmal erzeugte, dauernde Maxima.

Eine FÜHRUNGSmoral bezieht sich nicht nur auf unternehmerische Ergebnisse, sondern verweist auch auf das permanente Herstellen der strukturellen Voraussetzungen, stellt also einen Bezug des Führungshandelns zur Arbeitsfähigkeit und zur Kultur des Kollektivs her.

5.10 Unternehmen ist meist Kollektiv der Kollektive.

5.101 Unternehmen haben in der Regel mehrere horizontale und vertikale Gliederungsebenen.

5.1011 Matrix- oder Projektstrukturen schaffen Parallelebenen.

5.102 FÜHRUNG findet auf allen Ebenen und zugleich über alle Ebenen hinweg statt.

5.1021 Mitglieder können Angehörige mehrerer Gliederungs- oder Parallelebenen sein. Ein Teamleiter ist sowohl Angehöriger (Führender) seines Teams als auch der Führungsrunde (Folgender) bei seiner Abteilungsleiterin (Führende).

5.1022 Im Kollektiv der Kollektive gibt es Kollektive von Führenden.

5.1023 Im Kollektiv der Kollektive gibt es Führende, die Führende führen und Führende, die Mitarbeitende führen.

5.10231 Im Kollektiv der Kollektive gibt es Folgende, die Folgenden folgen.

5.1024 Im Kollektiv der Kollektive besteht die Gefahr von Suboptimierung besonders.

5.1025 Im Kollektiv der Kollektive gibt es notwendige (unvermeidbare) Loyalitätskonflikte.

5.10251 Angenommen, ein Team beschließt demokratisch ein bestimmtes Vorgehen und die Führungsrunde bei der Abteilungsleiter:in beschließt demokratisch genau gegenteiliges Vorgehen, dann erzeugt das ein Dilemma, nicht nur für die Teamleiter:in.

5.103 Ein Kollektiv der Kollektive braucht besondere kollektive Kompetenzen (i. S. v. kollektiven Fähigkeiten und Bereitschaften, also auch kollektiven Werten)

Eine FÜHRUNGSmoral bezieht sich auf Eigenheiten des Kollektivs der Kollektive.

6.	**Führungsmoral bezieht sich auf das Selbst.**
6.1	Jeder Mensch hat sein Selbst.
6.11	Der Mensch lebt und erfährt sich in verschiedenen – eher äußeren, dennoch verinnerlichten – Erlebenshorizonten:

- In-der-Welt-Sein gegenüber Dingen und Sachverhalten,
- In-der-Gesellschaft-Sein beim Antreffen von Menschen,
- In-der-Zeit-Sein bei Veränderungen sowie das
- In-der-Selbstaufmerksamkeit-Sein, in der man sich *als Natur, als Ding, als Objekt kausaler Determination* (Plessner) erkennt.

6.12	In diese Lebens- und Erlebenshorizonte eingebettet ist die Konstruktion der eigenen Existenz, des eigenen Werdens, Wollens und Seins – eher innere Aspekte des eigenen Erfahrens *als Selbst, als Ich, als Subjekt eines freien Willens* (Plessner).
6.121	Ich *bin* ich (Fichte)

Eine FÜHRUNGsmoral bildet die Differenz im eigenen Erleben des Menschen als Objekt und Subjekt ab.

6.13 Die eigene Vergangenheit erscheint asymmetrisch und faktisch, hier entsteht in Hysterese die eigene Biografie und es bilden sich kognitive wie emotionale Gewissheiten als Konstrukte von Wissen und Erfahrung. Mit dieser Verinnerlichung von Äußerlichkeiten geht in zirkulären Zusammenhängen die Entwicklung von Werten und Willen einher.

6.14 Die eigene Zukunft erscheint symmetrisch und möglich und wird über Erwartungen (als anzustrebende Hoffnungen oder als zu vermeidende Befürchtungen) konstruiert.

6.15 Die eigene Gegenwart wird kognitiv, emotional und körperlich als Ereignis erlebt. Zugleich führt die präsentische Situation alle perfektischen Erfahrungen und futurischen Erwartungen mit, denn in ihr fallen Vergangenheit und Zukunft zusammen (Rodrigo Jokisch).

6.16 Dieses Erleben im Zeitverlauf ist Handlungsrahmen und wird durch Handlungen immer wieder reproduziert.

6.161 Selbstvertrauen, Selbstwirksamkeitserwartung und Selbstüberwindung sind für moralisches Handeln notwendige Dispositionen, die in diesem Erleben wachsen, und keine Merkmale von Persönlichkeitseigenschaften.

6.162 Persönlichkeitseigenschaften sind nicht moralisch.

6.1621 Persönlichkeitseigenschaften setzen Implikationen.

6.1622 Persönlichkeitseigenschaften allein können Handeln und moralisches Handeln nicht ausreichend erklären.

6.163 Kompetenzen als Fähigkeiten zu selbstorganisiert kreativem Handeln, als Funktionen aus Fähigkeiten (v. a. Erfahrung und Wissen) und Bereitschaften (i. S. v. Wille und Haltung), können Handeln und auch moralisch Handeln ausreichend erklären.

6.1631 Charisma schützt nicht vor Kompetenzerwerb.

Eine FÜHRUNGsmoral bezieht sich auf Kompetenzen und nicht auf Persönlichkeitseigenschaften.

6.17 In diesem Sein und Werden konstruiert der Mensch sein universelles Normensystem und dafür auch Verbindlichkeiten als moralischen Teil seines Selbst.

Eine FÜHRUNGsmoral befindet sich innerhalb des moralischen Selbst der beteiligten Menschen.

6.2 FÜHRUNG schützt ihr Selbst.

6.21 FÜHRUNG ist nicht Aufopferung zugunsten des Unternehmens oder der Menschen, die Unternehmen machen.

6.211 FÜHRUNG findet nicht im rechtsfreien Raum statt.

6.2111 Die Absicherung gegen das eigene Unternehmen oder gegenüber den eigenen Kolleginnen und Kollegen ist gelegentlich notwendiges Misstrauen.

6.22 FÜHRUNG achtet auf physische und psychische Gesundheit.

6.221 FÜHRUNG ist kein Ausbeutungsmechanismus.

6.2211 Unternehmen müssen ihre Besenprobleme lösen.

6.2212 Gesundheitsmanagement ist nicht der Rückenkurs, nicht der Korb Äpfel im Eingangsbereich oder die Bio-Woche in der Kantine. Es ist die Managementaufgabe, die Mitarbeitenden vor strukturbedingter Überlastung zu schützen.

6.2213 Unternehmen, die Resilienz-Seminare anbieten, ohne die eigenen Strukturen zu überprüfen, stehen unter Ausbeutungsverdacht.

6.2214 Resilienz ist keine Ausrede für weitere Ausbeutung oder das Abschieben unternehmerischer Defizite auf die Mitarbeitenden.

6.2215 Burn-out ist kein FÜHRUNGsziel.

6.222 Selbstschutz ist nicht Egoismus.

6.223 FÜHRUNG ist Abgrenzung des Selbst als notwendige Schutzfunktion.

6.2231 Syntaktische Empathie ist eine notwendige Beziehungsqualität für FÜHRUNG.

6.2232 Semantische Empathie ist keine zwingend notwendige Beziehungsqualität für FÜHRUNG.

6.2233 Der Verweis auf Selbstsorge ist kein Alibi für Unternehmensversagen.

6.2234 Zeitmanagement ist eine methodische Folge von Selbstsorge.

6.23 Wenn man die Situation nicht ändern kann, kann man zumindest den Umgang damit ändern.

Eine FÜHRUNGsmoral sorgt für Abgrenzung und Selbstschutz.

6.231 FÜHRUNG unterscheidet Eigen- und Fremdverantwortung.

6.2311 Verantwortung ist darüber bestimmt, wer wem gegenüber für was verantwortlich ist und auf welcher Grundlage. Die Grundlage führt immer auch wertebasierte Normen und einen Geltungsanspruch mit sich, ist also immer auch moralisch.

6.2312 FÜHRUNG übernimmt konsequent ihre Verantwortung und alle andere konsequent nicht.

Eine FÜHRUNGsmoral grenzt Verantwortungen ab.

6.3 Führung zeigt ihr Selbst.

6.31 FÜHRUNG ist authentisch.

6.311 Führende und Folgende sind keine Therapeut:innen oder Patient:innen.

6.312 Führende und Folgende sind keine Schauspieler:innen

6.313 Führende und Folgende sind nicht Mutter, Vater oder Kind.

Eine FÜHRUNGsmoral verlangt ausschließlich authentisches und rollenkonformes Führungs- und Folgehandeln.

7. Den Gedanken überhaupt gedacht zu haben, ist wichtig.

Gebrauchsanleitung.

der Behauptung einer normativen Führungsethik

a) *Der Text ist als Hypertext aufgebaut. Das ist sozusagen ein mind-map in Textform. Die einzelnen Behauptungen stehen damit in hierarchischen Beziehungen zueinander.*

b) *Der Text will Gedanken anregen und liefert deshalb nicht fertig Vorgedachtes. Die Behauptung wird als Stilmittel eingesetzt, um kreativen Widerspruch zu erzeugen.*

c) *Lesen Sie den Hypertext ohne Anspruch, alles verstehen zu wollen oder ihn danach erklären zu können. Gehen Sie damit spontan und intuitiv um und machen Sie daraus keine rein kognitive Aufgabe. Üben Sie ihre Fähigkeiten zur Logik und zum Querdenken.*

d) *Machen Sie sich Notizen und knappe Aufzeichnungen über Inhalt, Fortschritt und Erkenntnisse Ihres Vorgehens bei der Bearbeitung.*

e) *Markieren Sie Behauptungen, denen Sie unvermittelt besonders zustimmen können, grün.*

f) *Markieren Sie Behauptungen, die Sie nicht verstehen und zu denen Sie Erklärung brauchen oder in denen Sie Widersprüche entdecken, blau.*

g) *Markieren Sie Behauptungen, die Sie spontan ablehnen, rot.*

h) *Versuchen Sie, die blau markierten Behauptungen zunächst selbst zu erschließen. Hilfreich dafür kann die Nummerierung (hierarchischer Bezug zu anderen Behauptungen) sein. Überlegen und interpretieren Sie ohne gedankliche Einschränkungen, was aus Ihrer Sicht damit wohl gemeint sein könnte. Klären Sie Begriffe durch Nachschlagen (googeln, beachten Sie aber immer die Begrenztheit von wikipedischem Opensourcewissen). Erörtern Sie, was der Verfasser möglicherweise aussagen will oder meinen könnte, wenn er diese Behauptung an dieser Stelle aufstellt. Arbeiten Sie Widersprüche, die Sie erkennen, klar heraus. Formulieren Sie danach konkrete Fragen, deren Antworten Ihnen helfen, die Behauptungen zu verstehen.*

i) *Überlegen Sie zu den von Ihnen grün markierten Behauptungen, was genau es ist, das Sie zustimmen lässt. Fahnden Sie danach, welche Ihrer Werte hier eine Rolle spielen.*

j) *Überlegen Sie zu den von Ihnen rot markierten Behauptungen, was genau es ist, das Sie ablehnen lässt. Fahnden Sie danach, welche Ihrer Werte hier eine Rolle spielen.*

k) *Suchen Sie Diskussionspartner und wiederholen Sie im gemeinsamen Diskurs die Schritte h) bis j). Ziel dabei ist, Verstehen und Verständnis aller Beteiligten zu erhöhen und nicht, Konsens über die Punkte herzustellen.*

l) *Überlegen Sie, was genau für Sie nun seit Beginn des Schritts e) anders ist. Nutzen Sie dazu Ihre Aufzeichnungen gemäß Schritt d).*

Sicher führen und beraten

In dieser Reihe sind bisher erschienen:

Band 1	Karl Kreuser 2017 **Behauptung einer normativen Führungsethik** 2. überarbeitete Auflage 2024
Band 2	Karl Kreuser 2018 **Der Hirtenkönig** *Sicher führen in unsicheren Situationen*
Band 3	Karl Kreuser 2019 **Eine Theorie des agilen Unternehmens** *Erklärung von kollektiver Kompetenz* 2. überarbeitete Auflage 2024
Band 4	Karl Kreuser und Thomas Robrecht 2019 **Professionelle Beratung** *Menschen und Unternehmen kompetent begleiten*
Band 5	Pius Hütehund 2020 **Führung ist Haltung, nicht Technik** *Merkwürdiges und seltsames, um etwas sicherer zu führen*
Band 6	Thomas Robrecht 2020 **teamfixx® Praxisbuch** *Grundlagen, Flipcharts und Arbeitsaufträge*

www.ingramcontent.com/pod-product-compliance
Lightning Source LLC
Chambersburg PA
CBHW021548200526
45163CB00016B/2888